L 27
n. 6449

AU ROI.

Sire,

DAIGNEZ permettre à un ancien et fidèle officier, de faire à VOTRE MAJESTÉ le rapport le plus simple de ses longs services, et de lui présenter un aperçu de ses idées pour rendre à la Marine Royale son ancienne illustration.

Il en coûte à un homme d'honneur de parler de lui; mais,

relégué dans une espèce d'abandon, j'ai crayonné ce tableau dont le soin devait *m'être étranger*.

C'est un tout autre sentiment lorsqu'il s'agit de l'avantage, de l'intérêt, du bien de son pays; l'on doit au Souverain jusqu'à l'hommage de sa pensée : aussi n'ai-je pas eu à me vaincre pour vous offrir le tribut de mes réflexions sur l'état de la marine.

Il est dicté par l'expérience acquise dans beaucoup de campagnes, dans différens combats, et plus encore, par les instructions reçues sous les dignes chefs qui ont dirigé mes premières armes.

SERVICES MILITAIRES.

Je suis entré au service en qualité de garde marine, en 1754. Embarqué sur le vaisseau l'*Aigle*, en 1755.

En 1756, embarqué sur le vaisseau *le Prudent*. Ce vaisseau s'empara du vaisseau anglais *le Warwick*, de 64 canons, et vint désarmer, dans la même année, à Rochefort. Sur la fin de l'année, embarqué comme officier, quoique simple garde marine, sur la frégate *la Diane*, commandée par M. de Voutron, capitaine de vaisseau.

En 1757, nommé enseigne de vaisseau, je fus embarqué sur la frégate *le Zéphir*, commandée par M. Delille de Beauchêne, capitaine de vaisseau. J'ai assisté à la prise du corsaire *le Roi de Prusse*, de 24 canons, en croisière devant l'île Dieu. Cette croisière a duré pendant l'année entière.

En 1758, je me suis rendu à Brest dans la même frégate, et j'ai passé sur le vaisseau *l'Actif*, faisant partie de l'escadre du comte de l'Eguille, chef d'escadre, qui commandait *le Minautore*, *l'Illustre* et *l'Actif*. Nous avons été à l'île de France et à la côte d'Inde, joindre l'escadre commandée par M. le comte d'Apchet.

Dans cette traversée, nous avons éprouvé des dangers et du mal, par l'imprudence qu'on eut d'avoir embarqué les équipages de M. Dubois de La Mothe, qui venaient du Canada. Ces équipages étaient attaqués d'une maladie contagieuse; ce qui nous obligea de relâcher dans notre route à Saint-Hyagues et Rio Janério, à cause de la mortalité qui régnait à bord.

En 1759, étant arrivés à l'île de France, nous nous sommes ralliés à l'escadre de M. le comte d'Apchet, et nous avons assisté à cinq combats, dans les années 1759, 60 et 61, contre l'escadre de l'amiral anglais Pocop.

En 1762, revenu à Brest, sur *le Zodiaque*, je me suis embarqué sur le vaisseau *le Vieux Sphinx*, mouillé dans la rivière de Villaine, ayant pour capitaine le chevalier de Preville. Nous ne sommes sortis qu'avec le plus grand danger, pendant la nuit, ladite rivière étant bloquée par cinq vaisseaux anglais. Enfin, de retour dans le même port, nous avons désarmé.

Ma bonne conduite m'attira de la bienveillance de M. le duc de Choiseul une gratification de quatre cents francs.

Aussitôt après, je fus embarqué sur le vaisseau *le Sceptre*, commandé par le capitaine de *la Marnière*; ensuite débarqué pour commander la flûte *l'Etoile*, de 24 canons. Ce dernier bâtiment faisait partie de l'escadre de M. le comte d'Estaing, destiné pour Rio-Janério.

Arrivé à cette côte, je devais prendre les pilotes pour distribuer à l'escadre. La paix s'étant faite, en 1763, l'escadre de M. d'Estaing a été désarmée.

Delà j'ai passé sous les ordres de M. Boissy de Châteauvert, chef d'escadre, qui fut prendre possession des îles de la Martinique, Gouadeloupe et Sainte-Lucie. Cette division composée des vaisseaux *la Ville de Paris*, deux autres vaisseaux de ligne, plusieurs frégates, la flûte que je commandais, et plusieurs bâtimens de transport.

Ayant débarqué les troupes, j'eus ordre de me rendre à Saint-Domingue, au port de Léogane, pour prendre cinq cents bariques de sucre, provenant de l'habitation de M. Michel de Nantes, beau-père de M. le duc de Lévis. Sa Majesté Louis XV avait permis d'embarquer cette cargaison sur la flûte sous mes ordres.

A la fin de 1763, je suis arrivé à Nantes, delà à Rochefort; dans ce dernier port, la flûte fut désarmée.

En 1764, je fus embarqué comme second, sur la flûte *la Coulisse*, commandée par M. de Belugat, lieutenant de vaisseau, pour porter cinq cents milliers de poudre aux Espagnols, au port de la Corogne; de-là nous revînmes à Rochefort, où nous désarmâmes. J'ai continué le service à Rochefort pendant cette année.

En 1765, je me suis embarqué sur la flûte *le Parham*, commandée par M. de Franssure de Villers, lieutenant de vaisseau, alors sous les ordres de M. Barodin, commandant d'un vaisseau de cinquante canons;

nous avons porté des troupes et des vivres aux îles du Vent et sous le vent. Nous sommes revenus à Rochefort, où nous avons désarmé, et où je suis resté en 1766.

En 1767, j'ai été nommé lieutenant de vaisseau, et employé à l'artillerie de Rochefort, et au commandement de la marine, comme aide-major, sous les ordres de M. Morville, chef d'escadre; j'ai conservé le même poste jusqu'en 1773, où j'ai pris le commandement de la corvette *la Silphine*, de 18 canons.

A cette époque, je suis parti pour Saint-Domingue, sous les ordres de M. le chevalier de la Vallière, gouverneur général de ladite île. Protéger le commerce était notre mission. Je suis resté quinze mois dans l'île.

En 1774, je revins à Paris; Sa Majesté Louis XVI m'accorda la croix de Saint-Louis, l'année suivante.

En 1775 et 76, j'ai travaillé à l'organisation de la marine, avec M. de Fleurieu, sous la direction de M. de Sartine, alors ministre.

En 1777, je me suis rendu à Rochefort pour prendre le commandement de la frégate *la Diligente*; je fis voile de ce port en présence de S. A. R. Monseigneur le Comte d'Artois, pour aller mouiller dans la rade de l'île d'Aix. J'y arrivai le matin, à l'instant du passage de S. A. R. pour La Rochelle; j'eus l'honneur de la saluer: ensuite je partis pour la Gouadeloupe, pour protéger, dans les îles, le commerce de France. Les instructions dont j'étais porteur, me chargeaient aussi particulièrement d'autres objets.

Au mois de septembre de la même année, j'ai fait débarquer, par suite de la même mission, cinquante hommes du corsaire *le Ranquar*, que je fis habiller à l'anglaise; ils montèrent au fort de Cache-à-Crous, île de la Dominique, dont ils se sont rendus maîtres, étant protégés par les positions que j'avais prises. Cet acte contribua le plus à la reddition de cette île, qui s'effectua le lendemain, par capitulation.

Une pension de six cents francs me fut accordée par Sa Majesté, en récompense de ce fait d'armes. J'ai été aussi désigné capitaine de vaisseau, dont je n'ai reçu le brevet qu'à la promotion du 13 mars 1779.

Les mois d'octobre, de novembre et de décembre, ont été employés à divers combats, tant à Sainte-Lucie qu'ailleurs.

Les mois de janvier et février 1778, se sont passés en croisière et à se battre.

Le 25 février, j'ai pris possession de Saint-Barthélemy; le 26, je pris de même celle de Saint-Martin, et le 7 mars, j'ai amené prisonniers le gouverneur et les soldats de ces deux îles, au fort Royal, île de la Martinique.

Ensuite, j'ai reçu ordre de croiser au vent de *la Désirade*, pour rallier l'escadre de M. de la Mothe-Picquet, à celle de M. d'Estaing.

Le 25 juin, j'ai été assez heureux pour exécuter parfaitement cet ordre. Ce succès a sauvé l'escadre; les Anglais ayant des forces bien supérieures aux nôtres.

Dans le mois de juillet, j'ai assisté à la prise de la Grenade. M. d'Estaing m'en témoigna sa satisfaction et me combla d'éloges.

J'eus de plus l'honorable mission d'amener prisonnier, en France, le gouverneur lord Mackartenay : j'étais chargé aussi des drapeaux pris à l'ennemi.

Rendu en France, le Ministre de la marine me présenta au Roi et à la Reine, qui me firent l'accueil le plus flatteur; j'ai éprouvé le même honneur des princes.

Envoyé à Brest armer le vaisseau *le Prothée*, je l'ai conduit à Lorient, en 1780, pour prendre le commandement de la flotte, chargée de troupes, alors sous les ordres de M. de Bouvet, capitaine du vaisseau *l'Ajax*.

Je suis parti de Lorient pour l'Inde, commandant cette division, forte de deux vaisseaux de ligne, une frégate, une corvette : le tout formant vingt bâtimens armés en guerre ou en flûte, chargés de troupes, et plusieurs bâtimens de transports.

Le 23 février, je fus attaqué par cinq vaisseaux de ligne anglais, qui m'avaient donné chasse et qui étaient suivis de vingt autres bâtimens de guerre. Jugeant l'impossibilité de sauver mon convoi, en faisant tous la même route, je me suis sacrifié en donnant ordre à l'*Ajax* et aux autres vaisseaux de faire route à O. S. O., à l'entrée de la nuit, tandis que je continuai celle de N. N. O. avec la frégate *la Charmante* et deux bâtimens marchands formant le faux convoi. Toute la nuit, je fis des feux et tirai des fusées pour attirer les forces anglaises sur moi, ce qui me réussit. Au point du jour, j'eus toutes les forces anglaises sur les bras ; je me suis battu en désespéré ; et ce n'est qu'après avoir été démâté, et coulant bas d'eau, que j'ai été forcé de me rendre *.

Par cette manœuvre habile, mon convoi est arrivé heureusement à sa destination ; mais moi, j'ai perdu plus de cent mille francs. L'on m'avait promis de m'indemniser ; mais cette promesse n'a pas encore été effectuée.

L'amirauté d'Angleterre m'offrit, dans le temps, de me dédommager pour la perte, effet du pillage de ses matelots sur mon bâtiment. J'ai constamment refusé, en disant que le Roi mon maître était assez juste pour savoir l'apprécier.

Revenu d'Angleterre, je reçus l'ordre de me rendre à Brest pour armer *le Sphinx*.

Nous appareillâmes pour l'Inde, sous les ordres de M. de Grace, le 22 mars 1781. Nous arrivâmes aux îles des Canaries. Là, cinq vaisseaux, commandés par M. de Suffren, se détachèrent de l'escadre de M. de Grace, pour aller dans la mer des Indes. Les 16 et 17 avril, nous eûmes un combat très-vif et très-sanglant, contre plusieurs vaisseaux anglais. A Saint-Hyagues, nous leur fîmes beaucoup de mal, et nous avons continué notre route. Dans cette affaire, j'amenai à la remorque le vaisseau *l'Annibal*, sans en avoir l'ordre ; manœuvre qui l'empêcha d'être pris par l'ennemi.

Le 20 juin, nous sommes arrivés au cap de Bonne-Espérance, avons remâté *l'Annibal*, fait des vivres et de l'eau, et sommes partis pour

---

* Voyez le tableau des positions de ce combat : il est exposé aux archives de la marine ; j'en ai une copie. J'invoque aussi le jugement du Conseil de Guerre à Brest, qui approuva ma conduite le 6 juillet 1780.

l'Ile-de-France, où nous sommes parvenus, avec nos cinq vaisseaux, le 25 octobre 1781.

Le 8 décembre de la même année, nous avons appareillé onze vaisseaux de ligne, trois frégates, un cutter et un convoi marchand, pour la côte de Coromandel.

Le 22 janvier 1782, je me suis trouvé à la prise du vaisseau *l'Annibal*, de cinquante canons. Il fut de suite armé, et fit partie de notre escadre.

Le 17 février suivant, vis-à-vis Sadras, nous avons eu un combat très-vif avec neuf vaisseaux anglais et quatre frégates ; ils se sont enfuis dans la nuit du 18. De-là, nous avons mouillés à Porto-Novo, où notre convoi marchand est venu nous retrouver, s'étant mis à couvert dans les ports neutres de la côte.

Dans ces parages, nous avons fait aux Anglais, pendant les mois de février et mars, beaucoup de prises armées et non armées.

Dans le commencement d'avril, nous donnâmes la chasse à neuf vaisseaux anglais et cinq frégates, qui nous évitaient. Enfin le 12, l'ennemi n'ayant pu entrer à Trinquemale, accepta le combat : il fut très-sanglant. J'y perdis deux cents hommes et ma mâture très-endommagée ; malgré ces pertes nous fûmes victorieux.

A cette affaire, j'ai dégagé M. de Suffren, en forçant deux vaisseaux anglais d'arriver. Sans moi, cet officier-général eût couru des risques. De-là, nous avons été au mouillage de Batakano, et autres endroits de la côte, toujours en prenant et détruisant tous les bâtimens anglais que nous trouvions.

Nous avons fait cette manœuvre jusqu'au 6 juillet, jour où nous avons eu une affaire très-sérieuse avec les Anglais, vis-à-vis Négapatnam ; j'ai empêché notre ligne d'être coupée, et désamparé deux vaisseaux anglais, qui furent remorqués par deux frégates de leur nation.

Dans cette affaire, le ban de quart de mon vaisseau fut frappé par un boulet creux. Il se mit en explosion, blessa et brûla quatorze personnes qui m'entouraient. Je sautai en l'air au-moins de vingt pieds, et je suis retombé sur le gaillard, brûlé de la tête aux pieds. J'aurais péri, sans doute, sans les soins et secours du major Renaud, qui était à mon bord. Cet officier existe encore à Rochefort.

Malgré mes blessures, je n'ai pas cessé de commander mon vaisseau; j'avais perdu une partie de mon monde.

Après cet événement, je fus à Goudelour avec les autres vaisseaux, où nous nous sommes réparés. Depuis juillet jusqu'au 22 août, nous avons été en croisière vis-à-vis la côte.

Possédant la confiance de mon général, M. de Suffren, je lui proposai, le 23, de faire débarquer des canons, des mortiers et des troupes, pour attaquer le fort de Triquemale. Il goûta mon avis, et adopta mon plan. Quoique non totalement guéri de mes blessures, j'ai figuré dans cette action. Les Anglais ont capitulé, pour cette île, le 30 août.

Le 1ᵉʳ et le 2 septembre, nous avons réembarqué nos canons. Le 3, les Anglais, forts de dix-huit vaisseaux, vinrent pour empêcher que Trinquemale ne fût pris, mais trop tard: nous en étions les maîtres.

M. de Suffren nous ordonna de nous préparer à attaquer les Anglais. Cet ordre fut exécuté de suite; et, d'après un engagement terrible, où beaucoup de monde périt de part et d'autre, l'Anglais s'est retiré, et nous, nous rentrâmes à Trinquemale pour nous réparer.

Pendant neuf à dix mois, nous avons été occupés à contrarier le commerce des Anglais, auxquels nous fîmes quantité de prises.

A cette époque, M. de Suffren appareilla, de Trinquemale, pour la côte d'Achem. Je reçus ordre d'aller croiser à l'ouvert du Bengale, avec le petit *Annibal* et la frégate *la Bellonne*, pour intercepter un convoi anglais, qui devait aller à Ganjan; mais ce convoi, prévenu de notre présence, ne sortit point; ce qui me détermina à quitter la croisière, et à me rendre à Ganjan.

En juin 1783, l'Anglais ayant attaqué la ville de Gondelour, toute l'escadre de M. de Suffren vint au secours de la ville. Le 20, nous livrâmes combat, et les forçâmes d'abandonner le champ de bataille. Nous revînmes à Gondelour avec l'intention de faire prisonnières toutes les troupes anglaises qui étaient débarquées et employées au siège de cette ville. Le 22 du même mois, une frégatte anglaise vint nous annoncer la paix.

Mon vaisseau étant très-endommagé, M. de Suffren m'ordonna, ainsi qu'au vaisseau l'*Artésien*, de nous rendre à l'Ile-de-France pour nous y réparer. Dans notre route, nous touchâmes à Trinquemale. Étant réparé, je fis route pour le cap de Bonne-Espérance, et de-là pour Rochefort. Dans ce port, j'ai désarmé mon vaisseau (*le Sphinx*), qui fut mis dans le bassin. L'on retira de sa carcasse six chaloupes pleines de boulets. M. le maréchal de Castries, ministre de la marine alors, m'annonça que Sa Majesté m'accordait quinze cents francs de pension, en considération de mes actions d'éclat dans l'escadre de M. de Suffren, et des blessures honorables que j'avais reçues.

En 1784 et 85, j'étais employé, à Rochefort, comme capitaine de vaisseau.

En 1786, j'ai été fait chef de division avec MM. de Marigny, de Vaugiraud, et autres officiers marins de mon grade.

Dans cette année, j'ai commandé la deuxième division de la première escadre qui était à Rochefort. J'ai continué jusqu'en 1790, époque où j'ai monté le vaisseau l'*Apollon*. De-là j'ai été rejoindre l'escadre de Brest, au mois de septembre, sous les ordres de M. d'Albert de Rioms.

Ensuite, j'ai reçu l'ordre de commander la première division sous les ordres de M. de Girardin. Cette division était composée de l'*Apollon*, de soixante-quatorze canons, que je montais; du *Jupiter*, commandé par M. de Belugat, et la frégatte *la Surveillante*, commandée par M. de Sarcé. Les îles du Vent étaient notre destination. Je fus envoyé de-là au Cap, pour y porter des troupes et prendre les ordres de M. de Blanchelande, gouverneur. Étant en croisière, peu de jours après, vis-à-vis cette île, le gouverneur me donna l'ordre de retourner en France. Les matelots s'y refusèrent; mais l'ascendant acquis sur leur esprit les détermina à partir. Je suis revenu du Cap, à Rochefort, en vingt-sept jours, et j'ai désarmé.

Je suis resté à Rochefort pendant les premières années de la révolution. J'ai appaisé une insurrection parmi les matelots. En 1793, j'ai reçu ma suspension de service comme noble.

J'ai essuyé plusieurs blessures graves dans divers combats. Mes campagnes et mes services forment cinquante-six ans effectifs*.

Pendant que la France était orpheline de son légitime souverain, j'ai refusé tout commandement, et je supplie Votre Majesté de considérer que, depuis vingt-cinq ans, je n'ai joui d'aucuns des avantages des pensions qui m'avaient été accordées pour actions d'éclat. J'éprouvai cent mille francs de perte dans le vaisseau *le Prothée*, pris et pillé par les Anglais. Le Conseil de Guerre d'alors en avait référé à Sa Majesté Louis XVI. Ce trop bon et trop infortuné Monarque avait donné des ordres à son Ministre pour m'en faire rembourser. Les événemens de la révolution ont paralysé cet acte de justice.

Dépouillé de toute ma fortune, et sans ressource, j'ai reçu, en 1806, une solde alimentaire de deux mille quatre cents francs; je suis encore aujourd'hui dans la même position.

MOYENS DE RÉTABLIR LA MARINE;

SON UTILITÉ.

D'Assez longs services, et autant de campagnes, faites sous d'illustres chefs, m'ont fait acquérir quelque expérience. Daignez considérer l'état de la marine en 1793.

La France, à cette époque, avait peu à désirer quant à la force de la marine et à la gloire qu'elle s'était acquise dans la guerre précédente. Tout était, à cet égard, dans un état respectable et satisfaisant. Mais ce corps redoutable à tous ses voisins, tant par sa valeur que par ses

---

* La vérification en est facile en consultant les journaux déposés à la marine, et les rapports des différents généraux ci-dessus nommés.

lumières, fut anéanti, en un instant, par la loi qui suspendit tous les officiers nobles. Les nouveaux, énorgueillis du choix qu'on venait de faire, mais incapables de suivre une carrière qui exige des connaissances si étendues, prouvèrent bientôt, par les fautes qu'ils commirent, qu'ils ne méritaient pas la marque de confiance qu'ils avaient reçue. Les hommes visent presque toujours aux places qui leur conviennent, sans considérer s'ils sont faits pour elles : en peu de temps, tout ce qui restait encore de la vieille roche, disparut. Les uns furent victimes de la fermentation révolutionnaire ; les autres s'émigrèrent, et furent dévorés par la perfidie et la rivalité, en venant arroser de leur sang les côtes de Quiberon. Enfin, le peu qui s'échappa à la rage des bonnets rouges, se retira dans ses foyers, pour ne plus reparaître.

Depuis cet instant, trop fatal à la France, chaque jour fut marqué par un nouveau revers ; chaque jour voyait s'échapper des mains d'un gouvernement insouciant et inepte, le trident qui naguères faisait encore trembler ces mêmes voisins. Nous ne devons plus espérer de les égaler (ces voisins), si l'on ne s'attache sérieusement à rétablir, sur les anciennes bases, le Corps de la Marine Royale.

Rappeler quelques-uns des anciens officiers pour commander des escadres d'évolutions : c'est à eux seuls que nous avons dû, jusqu'en 1793, une gloire immortelle dont se sont couverts les Tourville, les Forbin, les Dugay-Trouin, les Suffren, et qu'aucune tache n'avait encore obscurcie à cette époque.

Qui peut douter des effets que produiraient sur ces jeunes élèves, avides de gloire et d'instructions, les leçons de ces anciens braves qui honorèrent également par leurs connaissances, leur bravoure, leur expérience, le pavillon commis à leur garde ?

Personne n'ignore que le Corps de la Marine Royale ne fût toujours une pépinière de jeunes héros jaloux de se surpasser les uns les autres, en marchant sur les traces de leurs ayeux. Je dis de leurs ayeux ; car dès qu'on était admis dans ce Corps, on ne faisait plus qu'une même famille ; et les auteurs des jours devenaient communs. La même émulation se communiquait ; la soif de la gloire ne s'appaisait que par des coups d'éclat, et l'amour d'être le premier, enfantait des prodiges de valeur. Cette souche n'a point encore péri ; elle a vivement souffert des contre-temps ; mais elle repoussera au premier rayon bienfaisant.

Retrouver des officiers dignes de servir Votre Majesté, produirait peu de résultat, si les anciens matelots ne rentraient pas sous leurs étendards. Des circonstances malheureuses ont forcé cette classe d'hommes, si utile à l'état, à s'expatrier ; des jours sereins les rappelleront. On pense toujours à sa patrie, et on la revoit avec délices.

J'oserai proposer à Votre Majesté, outre l'amnistie générale qu'elle a fait publier, lors du mariage de S. A. R. Monseigneur le Duc de Berri, d'y ajouter l'assurance d'un dédommagement proportionné au service des marins. La longue et pénible captivité de ceux qui en ont éprouvé les effets, les engagés au service des différentes puissances maritimes de l'Europe doivent être compris dans cette faveur. Ces braves gens ne voient, dans l'amnistie, qu'un rappel pur et simple, sans autre bénéfice et garantie à leur égard. Ils préfèrent rester au service étranger qui leur offre des avantages et la certitude d'un avenir heureux. Ce dédommagement à tous les anciens et nouveaux marins au service, basé sur les années de service de chacun d'eux, et sur celles de leur captivité, produirait de sûrs résultats. Votre Majesté pourrait charger quelques-uns de ses anciens et braves officiers de sa Marine Royale, honorés et révérés parmi eux, de parcourir toutes les côtes de la France, et d'y rallier tous ceux qui se sont retirés dans leurs foyers. Ces officiers seraient spécialement autorisés à les assurer de votre bienveillance et de vos bontés. Cette perspective, moins douteuse, les ramènerait aisément à la voix de leurs anciens chefs, sous des ordres desquels ils ont souvent volé à la victoire. Avec de tels moyens, ces dignes marins ne résisteront point aux bienfaits de Votre Majesté ; ils reviendront lui jurer cette même fidélité dont ils ont donné tant de preuves à vos illustres ancêtres.

Je viens d'avoir l'honneur d'indiquer à Votre Majesté les moyens de rétablir sa marine ; il me reste à mettre sous ses yeux l'utilité qu'on peut retirer d'un simple marin.

Les escadres d'évolutions sont les écoles des officiers comme des matelots; mais il est nécessaire d'entretenir ces derniers dans une activité continuelle; laquelle, en les instruisant, les familiarise avec les dangers.

Le grand et le petit cabotage est le moyen d'y parvenir. Ces traversées continuelles et nautiques, d'un port à l'autre, en les maintenant dans une occupation répétée, leur donne la connaissance des côtes, des difficultés qu'ils ont à surmonter, des moyens de les éviter et de s'en garantir dans les gros temps. De plus, il résulterait un bien réel de cette navigation côtière pour nos ports, par une communication active qu'elle établirait entr'eux. La marine marchande, de concert avec les négocians, tirerait un très-gros bénéfice par le transport assuré et constant des marchandises; le commerce en éprouverait l'influence intéressée.

Telle serait, je crois, l'utilité du grand et petit cabotage : tous les matelots ne pouvant servir à-la-fois sur l'escadre d'évolutions de leur division, on les emploierait à cette navigation jusqu'à leur tour de service. Les escadres d'évolutions pourraient être divisées et expédiées dans les différentes colonies, lorqu'elles seront réunies.

Sans officiers et sans matelots il n'y a pas de marine; sans marine, nul commerce; sans commerce, point de ports ni de colonies.

Je n'exposerai pas l'utilité de nos colonies ; la France ne peut en être privée. Le sujet est si délicat que je ne dois pas le confier à cet écrit. Si VOTRE MAJESTÉ daigne me permettre de l'entretenir seule, j'aurai l'honneur de lui soumettre un projet si important pour l'Etat, qu'il peut en être considéré comme un des secrets.

Je la supplie d'avoir la bonté de se rappeler que je suis du nombre de ceux qui ont su faire respecter le pavillon français sur toutes les mers.

La marine a été mon berceau; son rétablissement occupe constamment ma pensée; mon dernier soupir sera pour sa splendeur. Je semblerais renaître si j'étais appelé à y contribuer.

J'invoquerais en vain ma conduite, toujours la même; l'exactitude à mes sermens ; le refus des faveurs, des grades, des honneurs ; les fers que j'ai portés, et la perte de ma fortune. Je n'ai rempli que le devoir de sujet fidèle et dévoué à son Roi.

D'ailleurs, ces titres détruiraient-ils les objections faites contre mon âge ? Non, certes. Les conséquences seules, tirées de mes années, sont pénibles pour moi.

Sire, ceux qui accusent ma tête de *faiblesse*, et ma mémoire d'*oubli*, je les invite à venir soutenir avec moi des thèses analogues à notre métier.... *Ils prouveront peut-être qu'ils n'ont rien oublié.*

Le compagnon d'armes de Suffren peut encore paraître sur la ligne.

Il vous supplie d'agréer le profond respect avec lequel il est,

DE VOTRE MAJESTÉ,

Le très-humble serviteur et fidèle sujet,

LE MARQUIS DUCHILLEAU, *Contre-Amiral.*

A PARIS, de l'Imprimerie de LEBLANC, rue de l'Abbaye, n.° 3.

Il vous supplie... qu'il le plus-al-moment avec lequel il est,

De votre Majesté,

Le très-humble serviteur et fidèle sujet,

La Ve. feue DUCHILLEAU, Comte-Amiral.

www.ingramcontent.com/pod-product-compliance
Lightning Source LLC
Chambersburg PA
CBHW070459080426
42451CB00025B/2944